TIME FOR KIDS

Casas alrededor del mundo

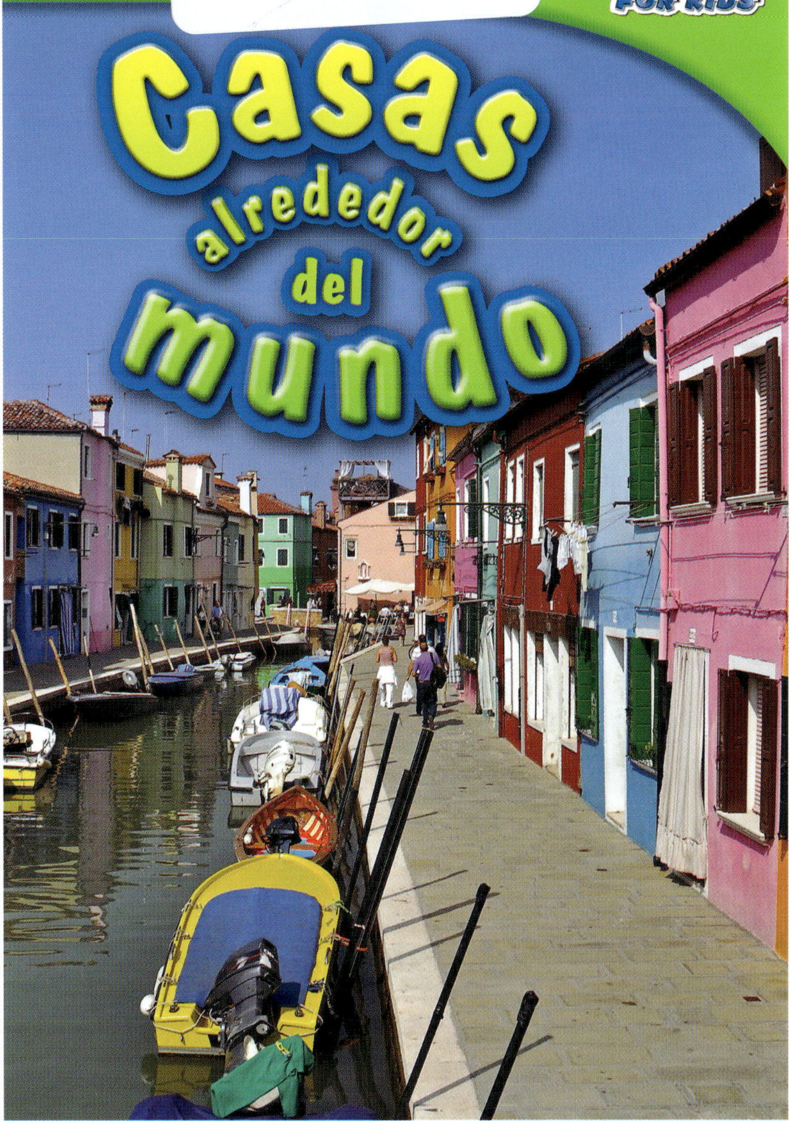

Dona Herweck Rice

Asesor

Timothy Rasinski, Ph.D.
Kent State University

Créditos

Dona Herweck Rice, *Gerente de redacción*
Robin Erickson, *Directora de diseño y producción*
Lee Aucoin, *Directora creativa*
Conni Medina, M.A.Ed., *Directora editorial*
Ericka Paz, *Editora asistente*
Stephanie Reid, *Editora de fotos*
Rachelle Cracchiolo, M.S.Ed., *Editora comercial*

Créditos de las imágenes
Cubierta Jan S/Shutterstock; p.3 hadynyah/iStockphoto, redbranch/iStockphoto; p.4 flammulated/iStockphoto, Simon Gurney/iStockphoto; p.5 Mark Winfrey/Shutterstock; p.6 Mikulich Alexander Andreevich/Shutterstock; p.7 Stuart Monk/Shutterstock, wiw/Shutterstock; p.8 hadynyah/iStockphoto; p.9 Karin Hildebrand Lau/Shutterstock, Ron Chapple Stock/iStockphoto, Mighty Sequoia Studio/Shutterstock; p.10 King Louie/iStockphoto, dreamstimestudio/iStockphoto; p.11 jhorrocks/iStockphoto; p.12 Ankevanwyk/Dreamstime; p.13 Lucian Coman/Shutterstock; p.14 Sam DCruz/Shutterstock; p.15 Jose Ignacio Soto/Shutterstock; p.16 JayKay57/iStockphoto; p.17 Attila JANDI/Shutterstock; p.18 Monkey Business Images/Shutterstock; back cover Bartosz Hadyniak/iStockphoto

Basado en los escritos de *TIME For Kids.*

Teacher Created Materials
5301 Oceanus Drive
Huntington Beach, CA 92649-1030
http://www.tcmpub.com

ISBN 978-1-4333-4431-2

Por todo el mundo, la gente vive en diferentes clases de casas.

¿En qué clase de casa vives tú?

OPEN

Esta casa es un chalé.
Está cerca de un lago.

Esta casa es una **casa de campo** con un granero grande. Quienes viven aquí salen de su casa y están en la granja.

Esta casa es una **yurta**. La gente que vive en ella se muda frecuentemente y se lleva la yurta.

Esta casa también viaja. Es una **casa rodante**. ¡Cuando la gente que vive ahí quiere mudarse, empacan y se van!

Este es un edificio de apartamentos. Hay muchos hogares dentro de este edificio y muchas familias viven ahí.

Esta es una casa para una familia. Es mucho más pequeña que un edificio de apartamentos.

Esta casa está pintada con colores brillantes y tiene un techo hecho de plantas. Muchas casas son de un solo color, pero esta tiene muchos colores.

Esta casa no está pintada. Está hecha de arcilla. La arcilla se seca en el sol. Cuando está lista, la familia la habita.

Estas casas están en un lugar cálido y lluvioso. Cada techo está hecho de hojas. La lluvia se resbala por encima de las hojas y la gente queda seca dentro de sus casas cómodas.

Esta casa es un **castillo**. Sólo una familia vive ahí, pero mucha gente cuida la casa.

Esta casa puede parecerse a un castillo, pero no lo es. Es como un edificio de apartamentos. Está hecha de adobe, una clase de arcilla.

Estas casas pueden ser pequeñas y sencillas, pero las familias que viven ahí no piensan así. Piensan que sus **chozas** son como castillos.

El lugar en el que una familia vive y ama es como un castillo para ellos.

Glosario

casa de campo

chozas

casa rodante

edificio de apartamentos

castillo

yurta

chalé

Palabras para aprender

adobe
apartamentos
arcilla
casa
casa de campo
casa rodante
castillo
chalé
chozas
clases
cómodas
diferentes
edificio
familias
granero
hogares
mundo
pintada
seca
viaja
yurta